地域の食をブランドにする！

食のテキストを作ろう

金丸 弘美

表紙写真＝岐阜県高山市「宿儺かぼちゃ」（著者撮影）
裏表紙写真＝兵庫県豊岡市のコウノトリが戻った田んぼ
（写真提供＝豊岡市）

岩波ブックレット No. 988

はじめに

政府が地方創生を方針とし、地域の食のブランド化や六次産業化が推進されています。六次産業化とは、一次産業（農林漁業）と二次産業（製造・加工）、三次産業（小売・サービス）を連携することで、農山漁村の地域資源に付加価値を生み出す取り組みで、「一」「二」「三」の数字を掛けると「六」になることから作られた言葉です。

また、新たな観光資源と地域経済を生むように、政府が予算を組んでいることから、多くの自治体、商工会などが、地域の食をブランド化するべく、大型イベントなどを実施し、地域の売り込みをしようとしています。

しかし、地域の食を具体的な形で発信して、ブランド化形成に至るところは、そう多くはありません。そこで、筆者が勧めているのが、地域の食材の調査とテキスト化と言語化により、地元の食と人を連携させたワークショップの開催です。

地域の食の歴史、文化、素材、産物の品種、産地、栽培法、栄養価、出荷体制、味わい、料理などを調査してまとめ、具体的な形にし、それをベースに、料理家、栄養士、生産者、商業者などと連携して料理展開までを行い、ワークショップを行うことで、レシピとノウハウを共有化させる手法です。

こうすれば、だれでもが食べ方の提案ができます。また販売やプロモーション（宣伝）を行うときに、産物の履歴から食べ方、味わい、レシピまでを提案できれば、具体的にバイヤー（商品の仕入れ担当者）、レストラン、消費者、マスコミなどに伝えることができます。

これまで、大分県竹田市「サフラン」「カボス」、岐阜県高山市「宿儺《すくな》かぼちゃ」、兵庫県豊岡《とよおか》市「コウノトリ育む米」、高知県中土佐《なかとさ》町「大野見《おおのみ》エコロジーファーマーズ（米）」、秋田県能代《のしろ》市「白神ねぎ」、茨城県常陸太田《ひたちおおた》市「常陸秋そば」、茨城県小美玉《おみたま》市「れんこん」、山口県長門《ながと》市「長門ゆずきち」ほかの野菜類と「サワラ」「シイラ」ほかの魚類など、各地で取り組み、それぞれ高付加価値商品として高く評価され、知名度も一気にあがりました。

また、食育の振興策にも食のテキスト化が注目されています。具体的に食材の背景からその成り立ちまでを、子どもたちに伝えることができ、地域の食の豊かさが理解できるからです。

このブックレットでは、食のテキスト化とそれをベースにして行うワークショップの具体的な方法や地域振興のためのプロモーションの仕組みを紹介します。

1　食のブランド化は食のテキストから

食のテキストのメリット

農産物を売り出したい、ブランドにしたい、食育をすすめたい、六次産業で食の加工品で売り出したい、直売所で売りたい、消費者に直接販売をしたい、など地方自治体からの要望があったときに勧めているのが「食のテキスト」を作ることです。

食のテキストとは、農産物、あるいは海産物などの、履歴を作ることです。歴史、文化、環境、品種、栽培法、栽培の履歴、収穫量、栄養価、出荷法、食べ方までを、きちんと現場から調べて、特徴を明確にするものです。

履歴がわかれば、安全で安心な食品であることが相手に伝えられ、個性や特徴が明確になります。環境に良いということも具体化されます。似たような食品との差別化ができます。

実際の方法は、次章で詳しく述べますが、作成には各地の農業技術センター、水産海洋技術センター、大学、生産者、漁業関係者などの協力をあおぎます。それにより品種特性から環境データ、栄養価、地域特性までがつまびらかになります。

テキストを作成すると販売がしやすくなります。自分たちの地域で採れる作物がどんなものか明確になり、特徴を相手にわかりやすく伝えることができます。販売先となる市場やスーパーなどのバイヤーやメディア関係者に伝えやすくなり、メディアの報道においても、テキストがあれば、具体的に報じてもらうことができます。直売所でも食べ方や特徴を消費者にわかりやすく説明ができ、販売の拡大につながります。

テキスト作成のきっかけ

なぜテキスト化を始めたかというと、二〇〇一年に千葉県香取《かとり》市と茨城県稲敷《いなしき》市の生産者たちから、米を直接消費者に売りたいが、どうしたらいいかと相談されたのがきっかけです。「直接、消費者に米作りを説明をすればいいでしょう」と答えました。「代掻《しろか》きから種籾《たねもみ》消毒、苗づくり、田植え、稲刈りなど、米が育つまでを写真を使って紹介してください」とも話しました。そのとき、生産者から言われたのが、「農家に話すのならわかるが、一般消費者に、米作りの話をしてわかるのか」ということでした。「わからないから話すんです」と、答えました。

後日、東京・恵比寿《えびす》のマンションの集会場に、一般消費者、マスコミ関係者を集めて米作りのこと、環境について写真を使って紹介しました。農薬を減らしたことで、トンボ、ドジョウ、タニシなどが増え、ツバメやサギなどの飛来が多くなったことも説明しました。そして説明のあとに、おにぎりと糠《ぬか》漬けを参加者に提供したところ、これが大好評。現地に行ってみたいというリクエストがあったことから、田んぼのツアーも生まれました。

ツアーでは、生産者たちが出迎え、田んぼの紹介をし、釜《かま》を用意して、そこで米を炊き、おにぎりを作りました。トッピングは、自家製の漬け物、梅干し、味噌など。前菜は、庭で採れたトマトやきゅうりでした。

つまりこの活動は、環境を見せることで、米の売り上げを大きく伸ばすことができたのでした。このことを雑誌で紹介したところ、イタリアのスローフードの活動そのものだと、現地の取り組みを知る人に言われました。そこで実際にイタリアのスローフード協会を訪ねました。

スローフード協会は、イタリアのピエモンテ州ブラ市に本部があるＮＰＯの団体名で、食のプロモーションを主に行っている組織でした。別会社で出版社とコンサルタント会社を運営し、雇用も行っており、食科学専門の大学もあります。ピエモンテ州とブラ市の委託をうけて、世界的な生産者会議や食を売り出すプロモーション事業も行っています。ここでワークショップを体験し、テキスト作りの必要性を痛感したのは、イタリアのスローフード協会の影響が最も大きいといえます。

スローフード協会では、スタッフと大学などが連携し、生産者や加工業者の協力を得て、地域のチーズ、生ハム、バルサミコ酢などを始め、地域特有の食材を詳細に調査しています。ガイドブックも作製しています。

また、特産品に関しての詳しいテキストが作成され、それがバイヤーとの取引に大きく貢献しており、輸出の大きな力になっていることを知ったのでした。また観光においても、地域ならではの食を提供するアグリツーリズム（農家の宿泊施設に泊まる）、農家のレストランなど、山村の経済に直結させる仕組みになっていることを知りました。

一方、日本の市町村が食を売り出すために用意したパンフレットを見ると、食のカタログは、あるにはあるのですが、文化的背景、栽培法、料理、生産者、環境、季節などを紹介した詳細なテキストが、当時はほとんどありませんでした。

しかも「生産者が一生懸命作った」「地産地消をすすめ」「安全・安心を心がけ」「おいしい」「ここならではの」「心を込めた」「こだわりの」といったありきたりで抽象的な言葉が使われていることが多くありました。

そんなところから、食のテキストの必要性を痛感し、そこから実践へとつながることとなったのでした。

スローフード協会でのチーズのワークショップ

宿儺かぼちゃ

宿儺かぼちゃで試みたブランド化

テキスト作成で、わかりやすい事例をあげましょう。岐阜県高山市「宿儺かぼちゃ」です。これは西洋系のかぼちゃで、ひょろ長く、重さが四㎏近くあります。「宿儺」とは、飛騨に登場した伝説的な鬼人の名前で、そこからとられたものです。このかぼちゃを東京で売り出したいとの話でした。

日本国内で、かぼちゃ生産量がもっとも多いのが北海道で、東京で販売されているかぼちゃの多くが北海道産です。しかも東洋系のかぼちゃで、丸い形のものが主流です。かぼちゃは東京に近い千葉県産、茨城県産のものもありますし、鹿児島県や長崎県の生産量も多く、さらに価格の安いメキシコからの輸入もたくさん入ってきています。しかも全国に行くと、ご当地の品種のかぼちゃもあります。福島県「会津早生《わせ》かぼちゃ」、愛知県「愛知縮《ちり》緬《めん》かぼちゃ」、沖縄県「島かぼちゃ」など、地域でおもに食べられているものです。

消費者に買ってもらうためには、ほかのかぼちゃとどう違うのか、どんな食べ方がいいのかを示さないと、手に取ってもらえません。

しかも、大きなかぼちゃは、都内のスーパーでは、まず売られていません。というのは、都内の家庭は一世帯あたりの人数が少なく、高齢者や一人暮らしも多いのです。それでほとんどが二分の一や四分の一にカットされたものか、スライスされたものが売られているのです。また、かぼちゃの皮が厚いために、包丁を使うのが大変とのことから、まるのままのかぼちゃを購入しないという理由にもなっています。

二〇一五年の国勢調査によると、東京都二三区で一人暮らしの割合は五〇・五八％。実に二軒に一軒が一人暮らしです。

平成三〇（二〇一八）年版『高齢化白書』によると、総人口に占める六五歳以上の割合（高齢化率）は、二〇一七年で全国平均は二七・七％、東京都では二三・〇％、二〇四五年には三〇・七％になると予想されています。また、東京都の一世帯あたりの人数は二〇一五年で一・九九人となっています。

つまり、住んでいる人の多くは、一人暮らしです。世帯の人数は二人未満で、しかも四人に一人が高齢者ということです。それはつまり、全体的に一家庭での食材購入量が減っているということになります。

ご飯中心の食生活が大きく変化している

「宿儺かぼちゃ」の食べ方を、最初、生産者に尋ねたら「煮物やみそ汁」でした。ところが

「煮物やみそ汁」に合う米の消費量はどうでしょう。

農林水産省の統計をみると、この五〇年ほどで、米の消費量は半分以下に減っているのです。一九六二年がピークで、一人あたりの年間消費量は一一八・三kg、そこから年々下がり、二〇一六年には、五四・四kgと半分以下になっています(図1)。また二〇一〇年からは米とパンの消費額(支出額)が逆転しています(図2)。

都心のスーパーを覗くと米の販売形態は一kg、二kg入りが中心というところも少なくありません。最近は、三合(四五〇g)、二合(三〇〇g)入りの袋を置いているところもあります。

ちなみに、筆者が教えている女子大で、毎年食生活アンケートをとっているのですが、朝食の調査では、パンが多く、ご飯を上回っています。朝食にシリアル、サラダ、スムージーなどを食べてくる学生もいます。

「宿儺かぼちゃ」をイタリアから来ていた食品スーパーのマネージャーに見せたら、「イタリアの市場でよく見かけるものです。一度行ってごらんなさい」と言われました。そこで実際にイタリアの市場に行ってみると、ひょろ長いかぼちゃがたくさん売られていました。イタリアでもカットされたものが売り場に並んでいました。

では、どんな食べ方があるのか現地の市場で尋ねてみると、「リゾットやパルミジャーノ・レッジャーノ(チーズ)を入れてオリーブオイルで焼いたりします」とのことでした。

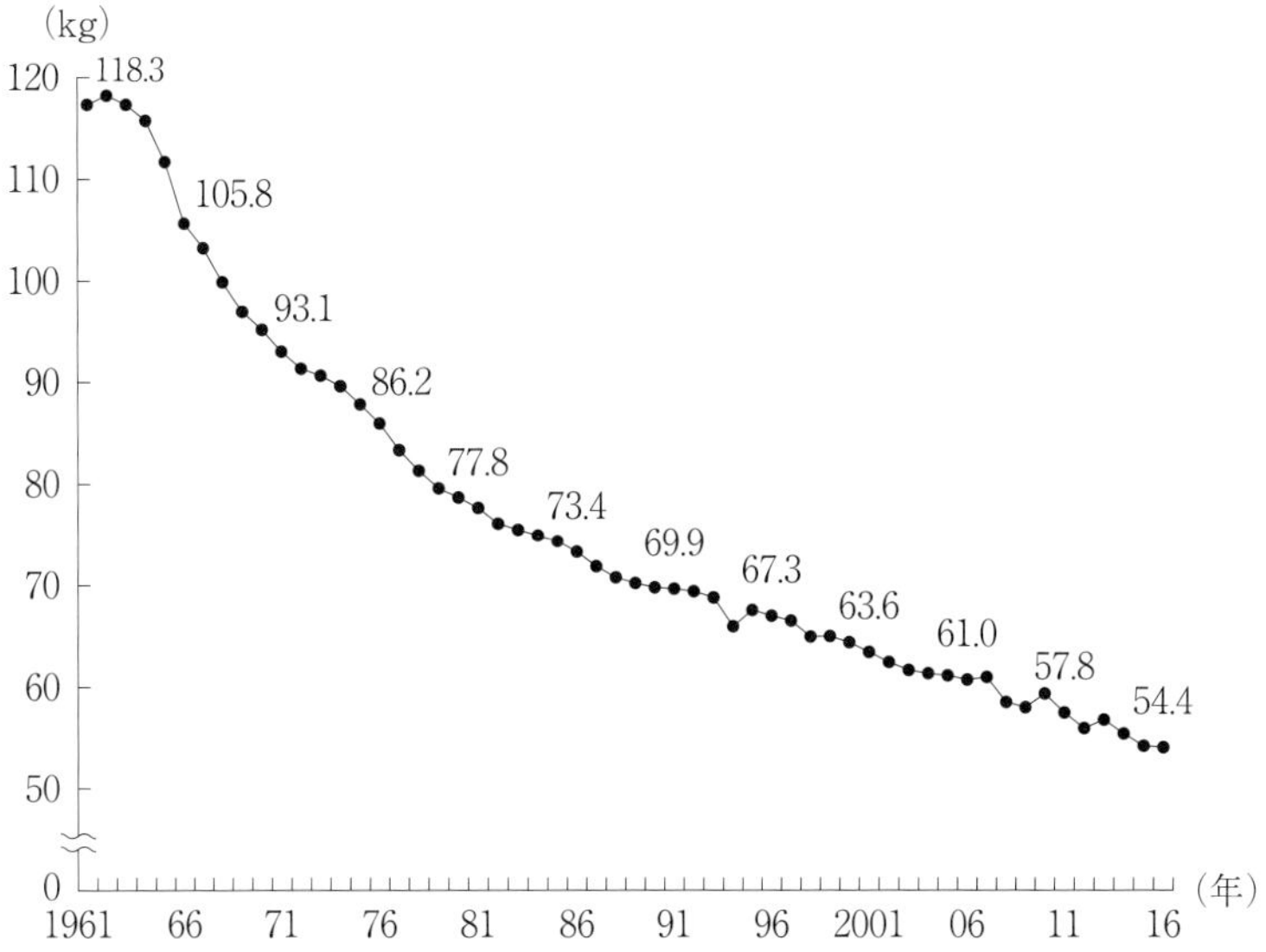

資料：農林水産省「食料自給表」
注：1人1年あたり供給純食料の値．精米したもの．

図1　米の年間1人あたり消費量の推移

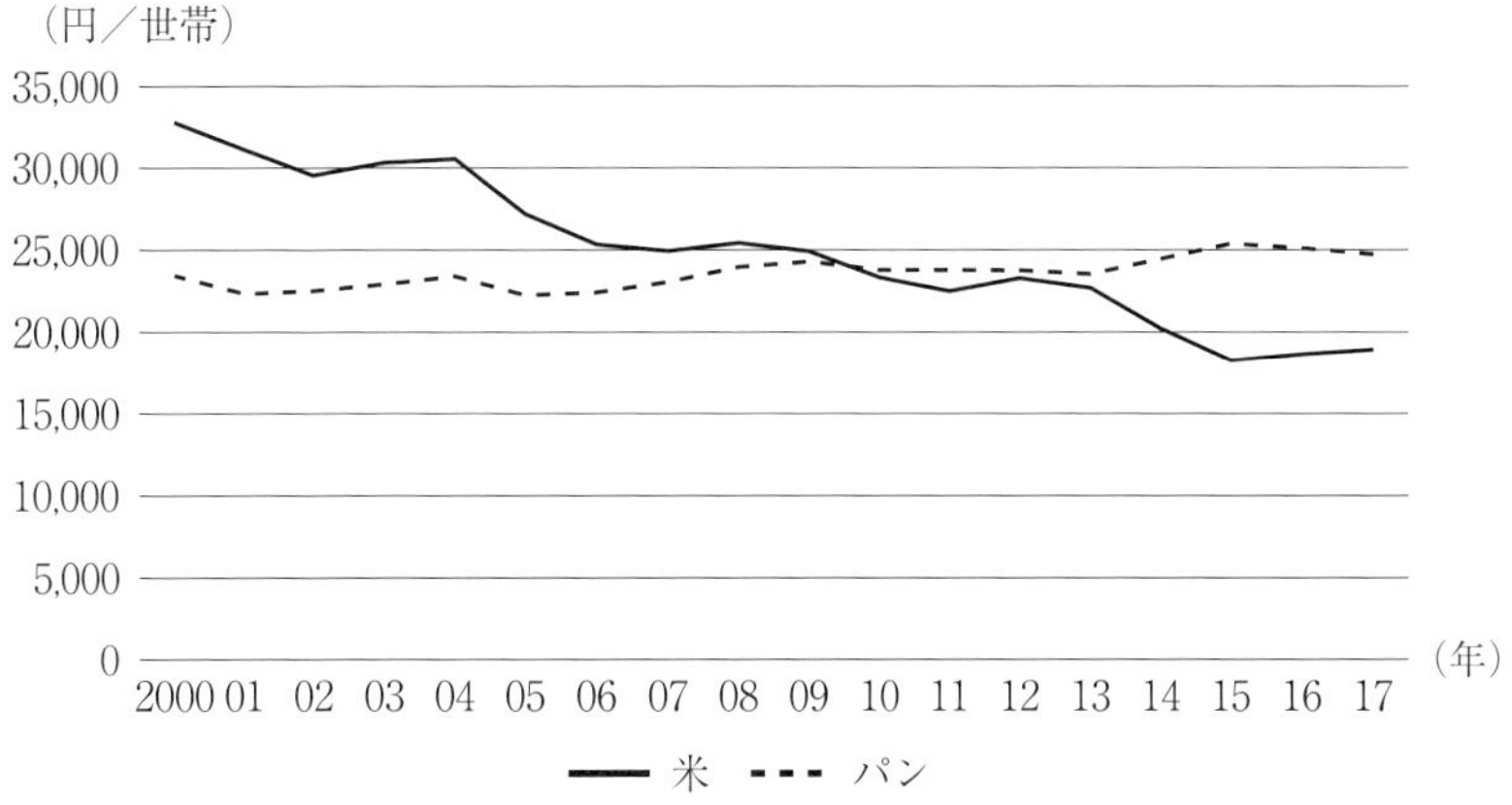

資料：総務省統計局「家計調査」

図2　米・パンの支出金額の推移(総世帯，年間)

また、都内のイタリア料理店のイタリア人シェフに「宿儺かぼちゃ」を見せると、「これはイタリアのかぼちゃだよ」とのことでした。

かぼちゃはイタリア料理では、スープ、サラダ、グラタン、ソテー、ドルチェ、ニョッキ、マリネ、ケーキをはじめ、花もチーズを入れてフリット（揚げ物）にするなど、さまざまな食べ方があります。

日本では、一九九〇年代頃にイタリア料理が大ブームになり、今では、イタリア料理店に食事に行くという人は、普通にいます。都内でイタリア料理店をウェブ検索してみると、一三万軒もヒットします。最近では、地方都市でもイタリア料理店が増えています。

つまり、宿儺かぼちゃを売る側は、単にモノを売るのではなく、食べ方もある程度知っていることが大切になります。料理はできなくても、味わって、どんな食べ方があり、どのように使われているかをわかっている必要があります。そこで、東京ではもちろん、生産地の高山市でも、料理家を入れて、さまざまなかぼちゃ料理を味わうワークショップを開催したのでした。登場したかぼちゃ料理は五〇種類以上になりました。形が悪かったり、傷がついたりして、出荷ができないかぼちゃはペーストにして、そこからアイスクリーム、パイ、ケーキなどにすることで、商品化する道筋もできました。

高山市内を歩いてみると、景観条例があり、古い家屋をうまく生かし、風情ある街並みを残して、街歩きを楽しめる街づくりをしています。そのことで、高山らしい雰囲気を醸し出し、海外客も多く訪れています。

食事するところを見てみると、ホテル、旅館、フランス料理店、和食店、パン屋さんを始め、多彩な食の場があります。となれば、地域内でもそこに食べ方を提案していけば、かぼちゃの広がりも大きなものとなります。

実際に、「宿儺かぼちゃ」は、地域でもたくさんの用途が生まれ広がりましたし、知名度も大きくなりました。東京の市場でも高値で取引されるようになりました。

後日、一緒に宿儺かぼちゃの売り込みに取り組んできた生産者に声をかけられて、東京の大田市場の方たちと食事をすることになりました。そのときに、市場の方にテキスト作成と料理のワークショップを開いたことを話しました。「この取り組みは、どうでしょう」と尋ねると「正解です」と回答をいただきました。

失敗する食のブランド化

「うちの地域の農産物を売り出したい」「ブランドにしたい」「食育を行いたい」と筆者のところに相談がよく持ち込まれます。

ところが、「それはどんな作物で、いつから作られて、どんな特徴がありますか。似たような食品やほかの産地のものもありますが、ほかとはどう違いますか。食べ方は、地元ではどうしていますか。ほかにどんなレシピがありますか」などと尋ねると、明快な回答がないことが多々ありました。

また短絡的に、ミカンやリンゴなどがあまったからジャムやジュースにする、ドライフルーツに加工し真空パックにするなど、知っている範囲で商品を作ってしまい、さっぱり売れないという場面にも、多く遭遇しました。よく誤解が生まれるのが、どこでも売られているから、きっと売れるに違いない、との思い込みによる商品化です。

ジャムやジュースは、確かにたくさんスーパーに並びます。しかし、よく見ると、多くは大量に作られて、大きな売り場を持っている会社のものが占めています。材料費も安く、単価も低いものが少なくありません。同じようなところで勝負しようとなると、営業体制から、宣伝、流通経路を持っていないと、商品は動きません。また、大手の商品と競うとなると、価格競争にさらされて、とても勝ち目はありません。

「六次産業」「農商工連携」で食の加工が盛んにいわれていますが、現場に行ってみると、使われる食材の特性、品種、栽培法、味、香り、うまみ、歴史、文化やほかとの違い、実際に料理をして食べてみる、レシピの提案という基礎が、きちんとできているところは、そう多くありません。とくに料理やレシピ提案が脆弱というのが目立ちます。

また、困ったことに補助金をとって加工所を作ってしまい、あとでジャムやジュース以外の商品を作りたいといっても、変更がきかないという失敗例も少なくありません。

農業や漁業という一次生産を手掛けてきた人も、その地域の行政担当者も、料理のプロというわけではありません。料理も加工も販売も手掛けたことのない人たちが中心になると、知っている範囲の商品しか生まれません。すると、販売もきわめて困難となります。

こんな例がありました。

ある地域で、ニンニクがたくさん採れていて、キャッチフレーズは「生産量日本一」。そのメインの加工品は、「黒酢にんにく」。健康食品として販売されているということから、売り出そうというのでしょう。

しかし、「黒酢にんにく」は、どこでも作られています。コマーシャル（CM）などで、よく登場するから、みんな作れば売れると思ってしまうのでしょう。

ニンニクを使った料理を検索すると、ゆうに三万件くらい出てきます。実際、私たちが食事をしても、中華、ヨーロッパの料理など、さまざまなニンニクを使う料理が登場します。

東京のあるホテルの料理長に尋ねてみると、「今、ニンニクは、できるだけ無臭のものが開発されているのだけど、これが、料理をするときに困るんですよね。かえって量が必要になる。昔は、小粒でも力があったから、少量で料理の決め味に使えた」という答えでした。

「ということは、昔の種で栽培をして、レストランなどに売り込みをかけたほうが、プロにはうけるということですよね」と、さらに質問すると、「そういうことですね」との料理長の返事でした。

日本料理店ではニンニクを使う場面が少ないのですが、今は、食が多様化しており、イタリア料理店やエスニック料理店は各地で増えています。となると、ニンニクを使う料理のレシピやその品種、他の食材との組み合わせ方などを提案したほうが売れるということになります。

六次産業化を成功させたいのなら、料理レシピのワークショップと、レシピ作成に予算をかけたほうが、地域にノウハウが形成され、売りやすくなります。そのレシピを毎月ホームページにアップする、レシピ集に投資をする、料理ができる人材教育に時間とお金をかける。その方が六次産業化はうまくいきます。

なぜジャムを作ってしまうのか

次のエピソードも地方に行ったときのことです。

サクランボを栽培する生産者組合の幹部の会に呼ばれました。幹部の方はすべて、年齢は七〇歳くらいの男性たちです。

サクランボのジャムとジュースが、並びました。

「サクランボでこれらを作って売ろうと思いますが、どうでしょうか?」

「みなさんジャムは、毎日食べていますか?　ジュース、毎日飲んでいますか?」と尋ねると、

「食べてないいな」と組合の幹部。

「ジャムだけ、単体で売るのは至難の業ですよ。そもそも、みなさんはデリカやパン屋さんに行かれていますか?」

「あまり行かないいな」

「実際に、デリカやパン屋さんへ行って見てみると、ジャムは何種類も置いてあるし、パンも何種類もあります。店によっては、その横にチーズ、生ハムと並ぶところもあります。消費者は、そのなかから気にいったものを選んでいるのです。ジャムはサクランボだけじゃない。また、大量に販売をする量販店やスーパーでは、輸入のものもたくさんあります。価格も安い。そんなところにこちらから売ろうとなると、営業力と販売力と量が求められます。また価格帯も安く、かつ、マージンも高く求められます。それよりも、近くの直売所や、パン屋さんやカフェとの連携商品を作り、小さいところから販売を試みたほうがいい。例えば、サクランボは品種が二〇種類以上ありませんか?」

「ある」

「普通、サクランボが傷《いた》まないように少し早めに出荷をするから、生の完熟のものは、東京の

スーパーには並ばないですよね」

「そうだな」

「では、完熟のサクランボを、地域でタルトにする、ジェラートにする、といったほうが、そこしかないオリジナルなものができませんか？　あるいはコンポートやワイン漬けにして、ケーキ、パイ、プディング、フルーツポンチに使うとかあるでしょう。二〇種類の完熟サクランボのジェラートやタルトがあってもいい」と、話したら、突然、

「わしらは、ジャムしかわからん！」と、言われてしまいました。

「いや、みなさんが加工や料理をする必要はないんです。これまでどおりにサクランボ作りに専念をしてください。それより、料理がわかる人たちを集めなおしてください」

「どうやって集める」

「料理の好きな奥さん。ケーキ作りに興味をもっている娘さん。加工品を作りたいと思っている女性グループ。空き店舗でカフェをしたいといっている女性グループ。地元のケーキ屋さん、パン屋さん。地域連携で商品を開発して、できる範囲から、小さく作っていくほうがいいと思います」

「……」

またある時、四国のミカンの産地に来てほしいと言われ、役場の人と同行しました。

そして、やはり、ここでもジャムを売るといいます。

「ジャムを作ったんです。どうですか？」

「これを売るのは大変ですよ。それより、この地域に桜並木があるということで、花の見頃になると、人がたくさん来ますよね。だったら、ミカンのアイスクリームや、ミカンのポンチなどを売ったらどうですか？　それに小さいけど、直売所がある。そこにある自動販売機を撤去して、そのかわりに手しぼりのミカンジュースを出したらどうでしょう？」

「えっ、ジャム作っちゃったんです。それに自動販売機は、売り上げがいいんです」とのことでした。

さらに、どんな味ですかと聞くと、たんに「美味しい」「日本一の生産量」「ここだけの作物」「心を込めて作りました」などと言われるケースが少なくありません。「美味しい」では抽象的です。見た目、香り、味わい、触感、色彩などまで、表現があって個性が生きます。「ここだけの作物」と言われても似たような商品は、いくつも出回っています。その背景が明確でないとオリジナル性が希薄になってしまいます。

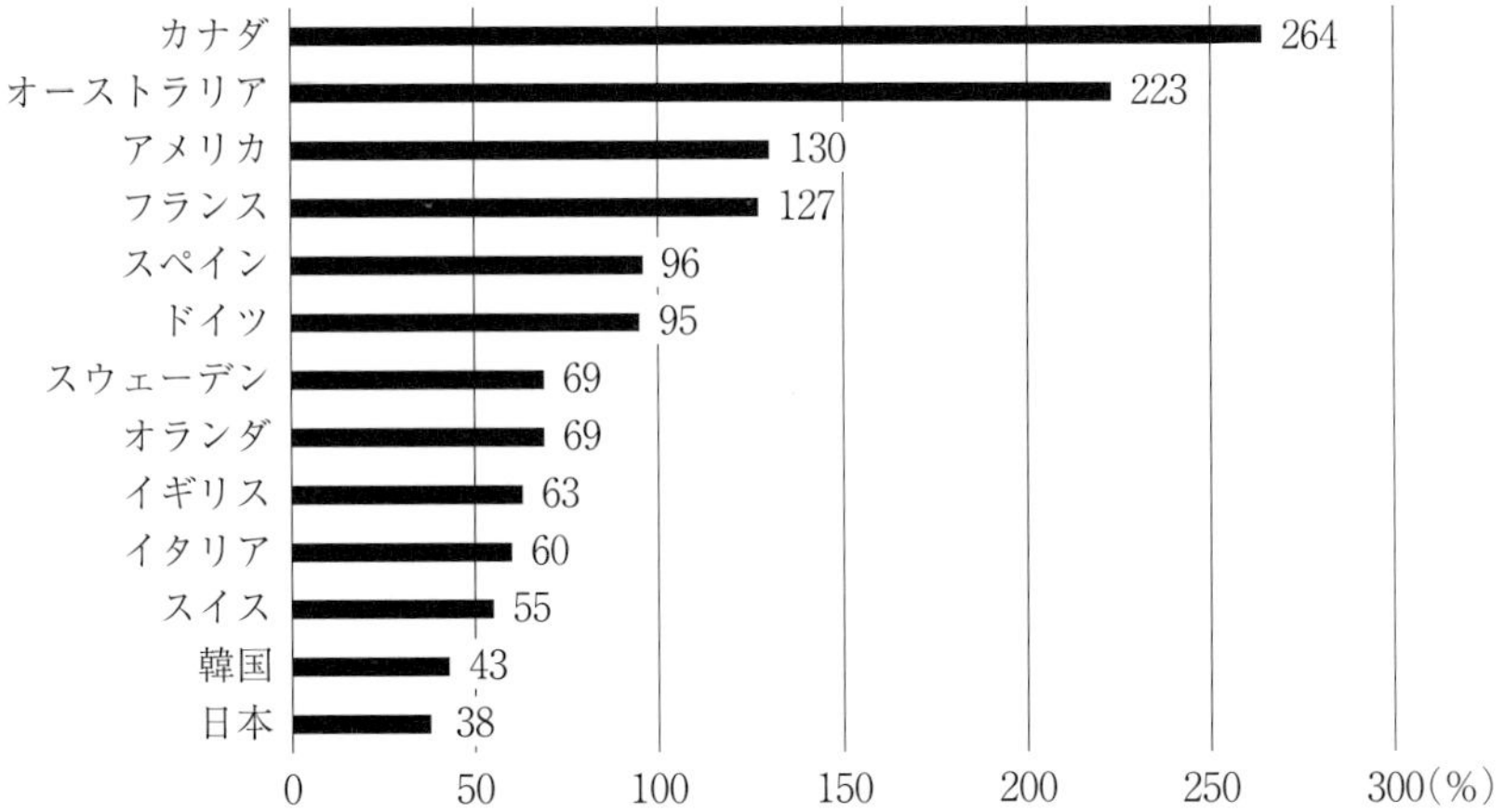

資料：農林水産省「食料自給表」，国連食糧農業機関“Food Balance Sheets”等を基に農林水産省で試算(酒類等は含まない)．他，各政府の公表値を記載．2013 年．スイスは 2014 年，韓国は 2015 年，日本は 2017 年度の数値．

図 3　各国の食料自給率(カロリーベース)

食料自給率の低下とグローバリゼーション

日本は先進国でも最低の食料自給率です。二〇一七年度の食料自給率は、カロリー換算にして三八％しかありません。日本より国土の狭いイタリアは六〇％、イギリス六三％、スイスでも五五％あります。日本に農産物の輸出を多くしているアメリカは一三〇％もあります(図3)。

グローバリゼーションが進み、多くの農産物が輸入されています。日本は農産物が輸入超過になっています。農林水産省の二〇一七年の資料では、輸入額は六兆四二五九億円、対して輸出額は四九六六億円しかありません。

スーパーの店頭に行ってみるとわかります。アメリカからブルーベリーやレタス、ブロッコリー、オレンジ、サクランボなどが、フィリピンやタイからオクラが、メキシコからかぼちゃなど、輸入農産物がたくさん並んでいます。海産物もチリから鮭が、ベトナム、タイから海老が、というように、さまざまな食品が海外からきています。しかも総じて安いものが多いのです。

世界農作物輸入量の割合で日本は、世界第三位のとうもろこし輸入国です。小麦は世界七位となっています（海外食料需給レポート 二〇一七年一〇月）。また肉類では鳥肉を入れると中国を抜いて世界一位です（米国農業局資料 二〇一七年）。

とうもろこしは、そんなに食べているイメージはない、と思われる方もいるでしょう。いちばん多く使われているのは鶏や豚、牛の餌《えさ》です。コンスターチ（とうもろこしのデンプン）、清涼飲料水などの甘味料コーンシロップなど加工食品にもたくさん使われています。

小麦は、小麦粉として、うどんやパンの材料として使われています。肉は、一般のスーパーでもアメリカ産、カナダ産などがたくさん、しかもリーズナブルな値段で売られています。

二〇一五年度の蕎麦《そば》の自給率は二五・九％です。また蕎麦は、輸入の四六・一％は中国、三四・八％はアメリカ、一三・五％はロシアからです。そのほかにカナダやブラジルからも輸入されています（財務省貿易統計 二〇一七年）。蕎麦は日本食の代表だと思っている人も多いでしょう。でも実際は、ほとんどが輸入です。国内生産が多いのは、北海道がトップで、長野、山形、茨城、福井などでも栽培されています。しかも、生産地によって気候も環境も品種も、持ち味も違います。

食べ方も、茨城県では、蕎麦を具沢山の汁につける「つけけんちん」、福井県では、おろし大根を蕎麦にのせる、または汁におろし大根を入れて食べます。

世界では、蕎麦の生産はロシアがトップです。ロシアでは、蕎麦の実を炒ってから煮て、それに牛乳や砂糖、ハチミツなどをかけて食べる「カーシャ」が一般的です。フランスでは、クレープの生地「ガレット」になります。

このように、さまざまな食品が世界から届くなかで、また食が多様化するなかで、うちの特産品を売り出したい、ブランドにしたいとなれば、どんな食材なのか、履歴から食べ方などの特徴までを明確に伝えないと、市場やスーパーの店頭で、消費者に手に取ってもらえないことになります。まして、同じような食品で海外のものが安いとなれば、価格では競えません。環境の背景や新鮮さや地域性、味わいの違いなど、明確な履歴を示す必要があるわけです。

伝統野菜と改良品種

地域では、昔から作られている「伝統野菜」というものがあります。これらは、地元で種がまかれ、育ち、長い年月を経るなかで、その地域独自の野菜となったものです。

昔は、今のように流通も発達していませんし、生産物を遠くまで運ぶこともありませんでした。売られている野菜もその地域で食べられているものがほとんどでした。文字通り、「地産地消」

でした。ところが、流通が発達し、スーパーやショッピングセンターなどができるようになると、遠方でも販売できる動きが加速します。しかも大量に安定供給が求められます。

すると、昔からある品種のものは、鮮度が落ちやすい、収穫期にばらつきがある、たくさん採れない、などから、改良した品種がたくさん作られて行きます。海外からも種が持ち込まれ、新しい野菜が栽培されるようになります。

例えば、私たちがよく見る、にんじん、きゅうり、だいこん、ねぎなどがいい例でしょう。収穫が大量にしかも一斉にでき、流通をするなかで、鮮度が落ちない、病気にもなりにくいなど、改良された品種が中心に出回っています。

にんじんは、オレンジ色の五寸にんじん、ミニキャロットなどがおもに流通しています。にんじんもいろんな種類があります。香川県の細く紅色をした「金時《きんとき》にんじん」、沖縄県の黄色い「島にんじん」などです。

だいこんは、青首のものが広く出回っています。ほかに、地域に根差したものもたくさんあります。岐阜県の漬け物に使われる細長い「守口《もりぐち》だいこん」、長野県のずんぐりとして辛味のある「ねずみだいこん」、鹿児島県の赤味をおびた「城内《じょうない》だいこん」といったものです。

大きな流通に向く野菜が改良されて普及したのは、都市部の人口が増え、大量に安く安定して取引することができる工夫がされてきたからです。

しかし逆に、大量の生産物が出まわる一方で、画一化されたものより、個性的で地域性のあるものが見直されて、地域でしかないものを使い、そこならではの料理を出したいというように、新たな動きも出始めています。

販路の変化が新しい動きを生み出す

日本は、戦後から人口が増加してきましたが、一九九五年から減少に転じています。一方で、市町村合併もすすみ、一九五六（昭和三一）年には四六六八の市町村があったものが、二〇一六（平成二八）年には一七一八市町村になっています。

同時に農産物を扱う農業協同組合（ＪＡ）の数も減り、一九五〇年には一万三三一四あった農協は、二〇一六年には六九一にまでなっています。

こうなると、これまでの大量に出荷するという仕組み自体が成り立ちにくくなり、農協がなくなった市町村の小さい農家や高齢者の農家などは、出荷ができなくなります。

そのなかで、小さな農家が自分たちで組合や会社を作って自主流通を始めたり、個人で宅配をしたり、という新たな流れが生まれてきました。

それと同時に、大きな動きとなってきたのが農産物直売所の存在です。直売所では、加工場を持ち、自らの農産物を加工品にして販売し、レストランを併設して料理を出すところも増えています。農業生産関連事業の年間総販売金額(全国)は二兆二七五億円、このうち農産物直売所が占めるのは一兆三三二三億円と、五〇・九%も占めています。六次産業化総合調査(二〇一六年度)で、直売所の数は年々増え続け、二万三四四〇か所もあります。

　また、注目されているのが、農家民宿です。これは観光庁や農水省も推進をしている事業です。国内の人口減、消費減の状況の下で、期待されているのがインバウンド(海外からの観光客)です。つまり、これまで観光地と思われなかった農村地帯に海外客にきてもらおうというものです。

　ヨーロッパでは、フランス、イギリス、ドイツ、イタリアを始め、各国で、農村に泊まる観光が定着しています。日本では、グリーンツーリズムと呼んでいます。

　そのとき重要となるのが、そこならではの郷土料理やワインなどです。観光で農村を訪れる人にとっては、そこでしか味わえないものを食したいとなるでしょう。地域特有の食材があれば、地域の経済が回ります。特に徹底しているのがイタリアで、郷土の料理はもちろん、ワ

イタリアのアグリツーリズモの宿

イン、チーズなどを使っての食が提供されます。気に入れば、お土産で買ってもらえます。

イタリアでは、農家の宿泊観光を「アグリツーリズモ」といい、ホテルではなく、農村での宿泊を選ぶ人は七割以上になるといわれています。宿泊施設も二万軒以上あり、大きな観光の誘致につながっています。

日本もイタリアのように、農村に観光客を呼びたいと思っているわけです。

地理的表示保護制度の位置づけ

地域性のある、昔から作られて来たものを財産として守っていこう、同時に特産物として、明確にしようという動きが生まれてきました。食べ物の知的財産権の保護制度です。「地理的表示」(geographical indications)と呼ばれるもので、GIと略されています。

GIは、二〇一五年から始まりました。これは、農水省のホームページによれば、「地域には、伝統的な生産方法や気候・風土・土壌などの生産地等の特性が、品質等の特性に結びついている産品が多く存在しています。これらの産品の名称(地理的表示)を知的財産として登録し、保護する制度が「地理的表示保護制度」です。農林水産省は、地理的表示保護制度の導入を通じて、それらの生産業者の利益の保護を図ると同時に、農林水産業や関連産業の発展、需要者の利益を図るよう取組を進めてまいります」と明記されています。

青森県の「あおもりカシス」、北海道の「夕張《ゆうばり》メロン」、福岡県の「八女《やめ》伝統本玉露」、茨城県の「江戸崎《えどさき》かぼちゃ」を始め、加工品では、鹿児島県の「壺造り黒酢」、長野県の「市田《いちだ》柿」、愛知県の「西尾《にしお》の抹茶」、福井県の「若狭小浜《わかさおばま》小鯛ささ漬」などがあります。

地理的表示に熱心なのはヨーロッパで、特に多いのはイタリアです。輸入されているパルミジャーノ・レッジャーノ、パルマハム、バルサミコ酢などが、登録されています。

これは、輸出入が盛んになるなかで、その地域の特産品の評判がいいとなると、類似品が出回るようになり、それを防ぎ、法的に規制をすると同時に、その地域ならではの特産物を守り、その持続性と経済性を保つために生まれたものです。また、そこに行かないと食べられないというオリジナル性も生むことになり、観光にも輸出にも大きく貢献しています。

日本でも特産品を輸出しようと力を入れていますが、海外に売り込むときに、よその国の原産で真似をされたり、類似品が出回ったりということが出てきました。そのようなことから食べ物の知的財産権を保護する必要が生まれてきました。

また、海外に売り込むためには明確な履歴と、特徴を説明する必要がありますし、食べ方も伝えなくてはなりません。そのためにもテキストは欠かせません。

食育基本法とテキストの重要性

二〇〇五年、国は「食育基本法」を作りました。その大きな柱は、

①生きる上での基本であって、知育、徳育及び体育の基礎となるべきもの

②様々な経験を通じて「食」に関する知識と「食」を選択する力を習得し、健全な食生活を実践することができる人間を育てること

となっています。

実際の法では、四章三三条の構成により詳細に説明されています。その背景となっている考え方は、

①食料自給率が低下をしていることで自給率のアップを目指す

②食生活のバランスが崩れ、生活習慣病が広がり、医療費が増えている

③グローバル社会で輸入品も増え、大量生産の食品も出回るようになり、食の安全性や偽装問題が出たことから、安全性が問われるようになった

④自然の下で先人からはぐくまれてきた、地域の多様性と豊かな味覚や文化の香りあふれる日本の「食」が失われる危機にある

ことなどがあげられています。

そして、各自治体は食育基本計画を作成し、子どもの保護者、教育・保育・医療・保健関係者

等、農林漁業者等、食品関連事業者等、各種団体、ボランティアなどあらゆる地域の教育機関や事業者が連携し、また、都市と農村の交流と体験を通して活動をすすめることになっています。

このように、食べることについての法律を国が作り、食べ方までを提案するようになったのには、大きな理由があります。

前にも述べましたが、日本の食料自給率(カロリーベース)は三八%しかありません。多くの食料を輸入に頼っています。もし、海外での災害や人災で輸入が途絶えて、高価格になれば、私たちの食生活に大きな影響を与えます。

もうひとつの大きな問題は、ガン、糖尿病・高血圧・肥満など生活習慣病の増加、また若い女性ではやせすぎなど、健康の問題です。これは、医療費の高騰につながります。厚生労働省の資料によると、日本の医療費は、二〇一六年度では四一兆二八六五億円にも達しています。一九五五(昭和三〇)年は二三八八億円でした。そこから年々、右肩上がりとなっています。これは高齢化も影響をしていて、年齢が上がると当然ながら医療費も増えてきます。

生活習慣病の広がりは、たんに医療費が高騰するだけではなく、働き盛りの人たちに影響を与えて、労働力の低減にもつながります。小学生でも平均一〇%近くが肥満傾向にあり、生活習慣病予備軍になっていることが指摘されています。

また、食生活の変化、運動不足が健康を損ねることにつながっていると指摘されています。

とくに簡易なインスタント食品、ジュース類が問題で、それらには、過分の塩分、糖分などが含まれており、採り過ぎから高血圧、糖尿病につながることも指摘されています。このことは、最近、多くの自治体の保健課で、実際のカップ麺、清涼飲料水、市販の菓子類などを展示し、それらに含まれている糖分、塩分、脂肪分などの数値を出し、採り過ぎや食の偏りを警告する展示が行われるようにもなっています。

ご飯、魚、肉、脂分、野菜、果物などをバランスよく食べることの必要性が、厚生労働省からも、またＷＨＯ（世界保健機関）からも発せられています。

各自治体で医療費や生活習慣病のデータが公表されているので、それを見るといいでしょう。どこの自治体でも医療費や生活習慣病が増加しています。それは、財政の負担になっているばかりか、若い人たちの健康を損ねることにもつながっているのです。

食の学びが食育基本法には謳《うた》われているわけですが、そうなると、その地域の食材や料理の成り立ちをも理解する必要があります。そのためにも、地域の食になにがあるのか、産物の調査とテキスト化が必要となってきます。

学校給食は教育の場

食育基本法と並んで、重要な取り組みとなっているのが学校給食です。学校給食は、子どもの健康と栄養バランス、地産地消を掲げて、各地で優れた取り組みが行われています。しかし、給食は年間一九〇食ほど。普段の朝、夜の食事、休みのときの食事は家庭で食べます。普段の食生活と健康に配慮した食事を親に知ってもらう必要があります。そうでないと子どもの健康な未来は創れません。

また国は、給食の食材の地産地消を推進しています。これも自給率のアップにつながることを目指している取り組みのひとつです。

「学校給食法」では、給食は教育という位置づけになっています。ただ子どもたちのお昼を提供するだけのものではないのです。

給食法を抜粋すると、次のように書かれています。

「第二条　学校給食を実施するに当たつては、義務教育諸学校における教育の目的を実現するために、次に掲げる目標が達成されるよう努めなければならない。

一　適切な栄養の摂取による健康の保持増進を図ること。

二　日常生活における食事について正しい理解を深め、健全な食生活を営むことができる判断力を培い、及び望ましい食習慣を養うこと。

三　学校生活を豊かにし、明るい社交性及び協同の精神を養うこと。

四　食生活が自然の恩恵の上に成り立つものであることについての理解を深め、生命及び自然を尊重する精神並びに環境の保全に寄与する態度を養うこと。
五　食生活が食にかかわる人々の様々な活動に支えられていることについての理解を深め、勤労を重んずる態度を養うこと。
六　我が国や各地域の優れた伝統的な食文化についての理解を深めること。
七　食料の生産、流通及び消費について、正しい理解に導くこと。」

また、

「第一〇条　栄養教諭は、児童又は生徒が健全な食生活を自ら営むことができる知識及び態度を養うため、学校給食において摂取する食品と健康の保持増進との関連性についての指導、食に関して特別の配慮を必要とする児童又は生徒に対する個別的な指導その他の学校給食を活用した食に関する実践的な指導を行うものとする。この場合において、校長は、当該指導が効果的に行われるよう、学校給食と関連付けつつ当該義務教育諸学校における食に関する指導の全体的な計画を作成することその他の必要な措置を講ずるものとする。

2　栄養教諭が前項前段の指導を行うに当たつては、当該義務教育諸学校が所在する地域の産物を学校給食に活用することその他の創意工夫を地域の実情に応じて行い、当該地域の食文化、食に係る産業又は自然環境の恵沢《けいたく》（恩恵）に対する児童又は生徒の理解の増進を図るよう努めるものとする。」

高知県中土佐町「大野見エコロジーファーマーズ」と高知県立大学健康栄養学部との連携

食育を地域につなげる

学校給食法では、各地域の優れた伝統的な食文化についての理解や、食料の生産、流通及び消費について、正しい理解に導くこと、などと位置づけられていますが、地域の食材にどんなものがあるのか、自治体や学校はもちろん、栄養士（学校栄養職員または栄養教諭）や調理師が知っている必要があります。

栄養士は、大学で栄養学を学びますが、現場の農業を知っているわけではありませんので、給食の現場では、かなりのすれ違いが起こります。赴任《ふにん》する学校の地域によって、採れるものも違いますし、環境も異なります。

栄養バランスには即していても、地域の旬《しゅん》のものが使われるとは限りません。また、給食には規格があるので、農家が採れたものをそのまま持ってきても、返品になることもあります。

このすれ違いをなくすには、給食の現場も農家も、給食の食べ物について、相互に理解する必要があります。何より自治体の長が、給食が学びと健康の場であることを理解して、支援をする必要があります。そうでないと、地域の食が使われません。

地域で、一二カ月なにが栽培されているのか、どんな魚が獲れるのか、どれだけの収穫があるのかのカレンダーが必要です。また、どこが窓口になって集荷し、給食の場に運ぶのか。また窓口になる、例えば直売所やＪＡ、業者は、給食の献立についても、年間で、どんな調理がされていて、どんなバランスで考えられているかを知ることが大切です。

このためには、お互いが常に協議をして、給食が地域の子どもを育む場であり、学びの場であることを理解して取り組む必要があります。

文化や流通までを学ぶ場である以上、教える方は、食の背景から環境までを知って伝えなければなりません。そのためにもテキストがあれば、子どもたちに地域の食と文化を伝えやすくなります。

2　食のテキストを作ろう

テキストは、具体的にどう作るのか

売りたい食材が、ほかの産地の食材と比べて、味や香りがどう違い、どういう特徴があり、品種はどんなもので、どれだけの量が採れて、どんな地域で誰が作り、いつが収穫期で、どんな栄養価があるのか。また、料理にはどういう食べ方があり、どんな状態で搬送され、窓口の連絡先はどこか。加工品なら原材料の原産地はどこで、どんな手法で作られているのか。こうしたことを自治体関係者に尋ねても、具体的に答えてもらえるケースは極めて少ないといえます。

一番欲しい情報は、連絡先はどこで、いつどれくらいの量が採れて、どんな状態で搬送してもらえるか、どんな特徴があり味はどうなのかということです。

そうでないと、取引したい所があっても、紹介はできません。

マスコミに取り上げてほしいと言われても、具体的な特徴が明確に語られていなければ、専門的なメディアは扱ってくれません。

食の売り出しというと、大きなイベントでたくさんの人を集めるという、動員を主目的にしたものになりがちです。しかし、それでは一過性で継続性のないイベントで終わります。

しっかりとベースを押さえて恒常的に売っていくためにも、テキスト化とワークショップは欠かせません。そうすれば、自治体の観光課や農政課も保健課も、生産者も、加工業者も、地域文化からしっかり語ることができるようになります

テキストに入れる項目

では、具体的にどういう項目を入れるのかは、次の通りです。

①売りたい食材名
②生産地、概要、生産地と食材とのかかわり、他の地域の食材との違い
③食材の歴史、文化、種類（海産物であれば生態など）
③食材の品種名、学名や分類、特性など
④栽培方法、収穫時期（漁獲方法、漁獲時期）
⑤生産量（漁獲量）、出荷量
⑥安全性、環境評価
⑦出荷窓口（問い合わせ先）、価格、出荷規格、荷姿など
⑧流通経路、販売先

常陸太田の「ソバ（蕎麦）の話」

常陸太田市は「常陸秋そば」発祥の地。以前からタバコの後作に、そばの栽培が盛んに行われていました。

ソバとは

学　名：*Fagopyrum esculentun*
英　名：buckweat
和　名：ソバ
分　類：タデ科ソバ属の一年草
原産地：中国南部の雲南地域

↑ソバの花

↑ソバの新芽（スプラウト）

用　途：実の粉末（蕎麦粉）を用いた麺（蕎麦）や蕎麦菓子、そばがきに用いる。アルコール原料としてそば焼酎がつくられる。また新芽はスプラウト（植物の新芽の総称。カイワレ大根やモヤシもスプラウトの一種。）として利用される。

主産地：国内収穫量・・・北海道、茨城県、長野県
輸入・・・中国、アメリカなどからの輸入量が多い。
輸入のうち中国産が約８割を占める。
国内消費の約半分を中国産が占める。

需給状況：そばの国内消費は年々増加傾向にあるものの、自給率は約２割程度で推移している（右表のとおり）。
平成 18 年は、国内消費仕向量が 151 千トンのうち、国内収穫量は 33 千トンと約 2 割程度。

そばの需給状況

年度	国内消費仕向量（千トン）	国内収穫量（千トン）	自給率（％）	輸入量（千トン）
H14	131	27	20	105
H15	135	28	21	118
H16	142	22	15	119
H17	150	32	21	117
H18	151	(33)	22	101

資料：「国内消費仕向量」は農林水産省農産振興課試算
「国内収穫量」は、農林水産省統計部「作物統計」値
「輸入量」は、財務省「貿易統計」等をもとに農林水産省農産振興課試算
注1：H18の国内収穫量は、主産県（27道県）の数値
注2：在庫の増減が加味されるため、国内消費量＋輸入量＝国内消費仕向量とならない

蕎麦（蕎麦粉）は材料・加工品ともにアレルギー物質を含む食品として食品衛生法による特定原材料として指定されており、表示が義務付けられています。

ソバの起源

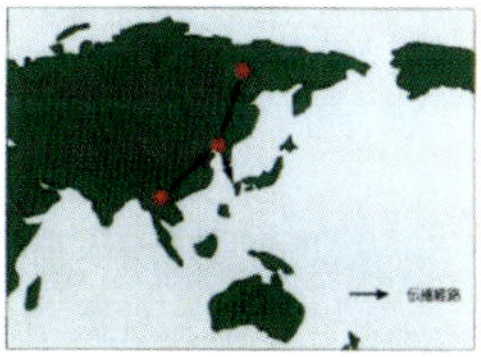

古代遺跡の発掘資料によると，わが国へは縄文時代に伝播したとみられています。中国南部でできた栽培そばは，その後中国大陸を北上し，北はシベリアまで到達し，一部は朝鮮半島に伝播し，対馬を経て北九州に導入されたようです。

ソバの語源

ソバは、「そばむぎ」を略した語。「そばむぎ」は稜角（物のかど）を意味する古語「そば」と「むぎ（麦）」が複合した語で、角のある麦という意味である。食物のそばの実は、三角卵形で突起状になっていることから、こう呼ばれるようになった。実は乾くと黒褐色になることから、『和名抄』では「そば」を「くろむぎ」と称しています。

茨城県常陸太田市「常陸秋そば」のテキストより

4つのポイント

Point 2
いのち
Many lives

Point 4
からだ
Healthy
& Beauty

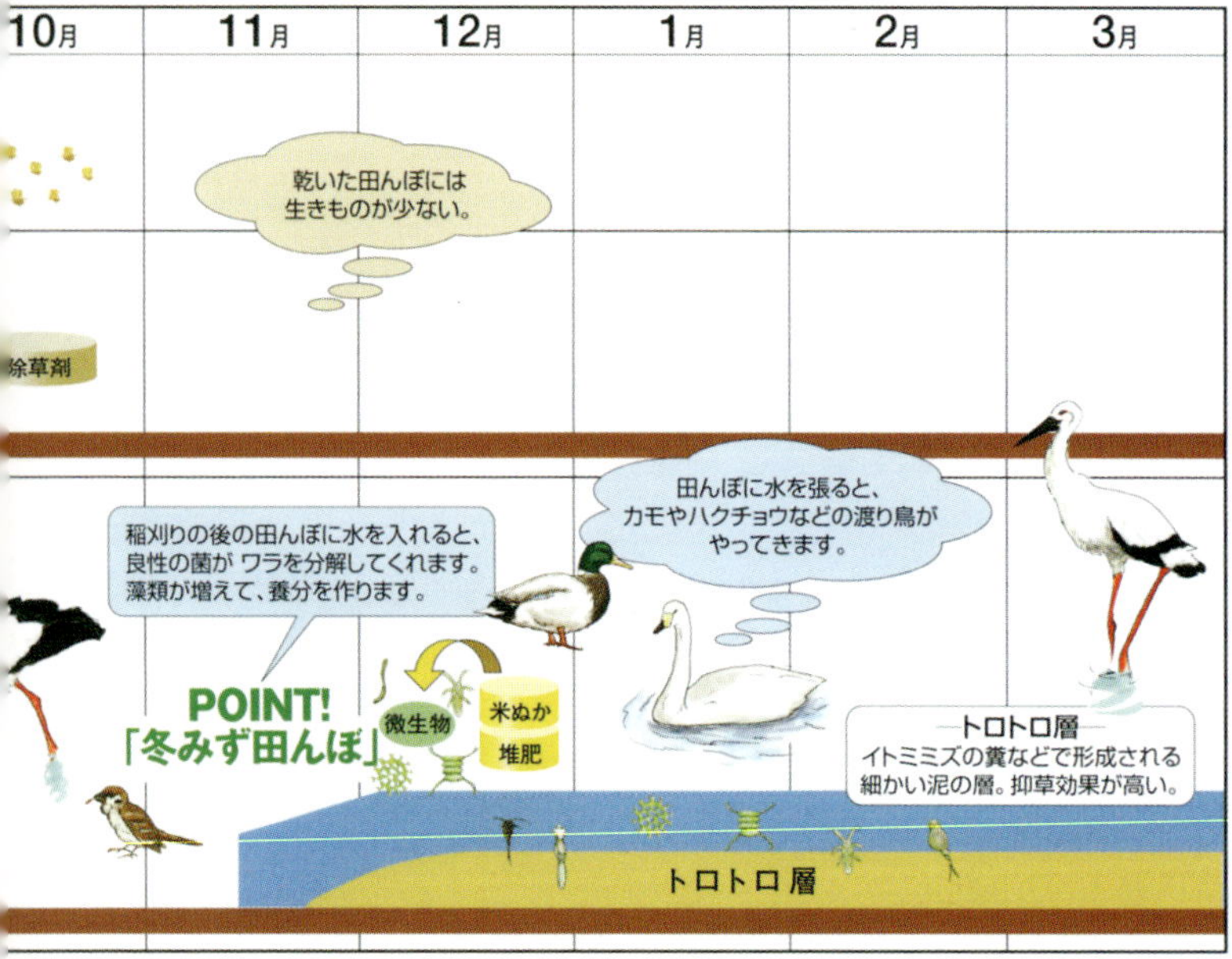

り コウノトリ育むお米」のテキストより

コウノトリ育むお米は、多くの生きものと共に大切に育てられています。

コウノトリ育むお

Point 1
コウノトリ
Storks

Point 3
貢献
Contribution

「コウノトリ育む農法」の一年

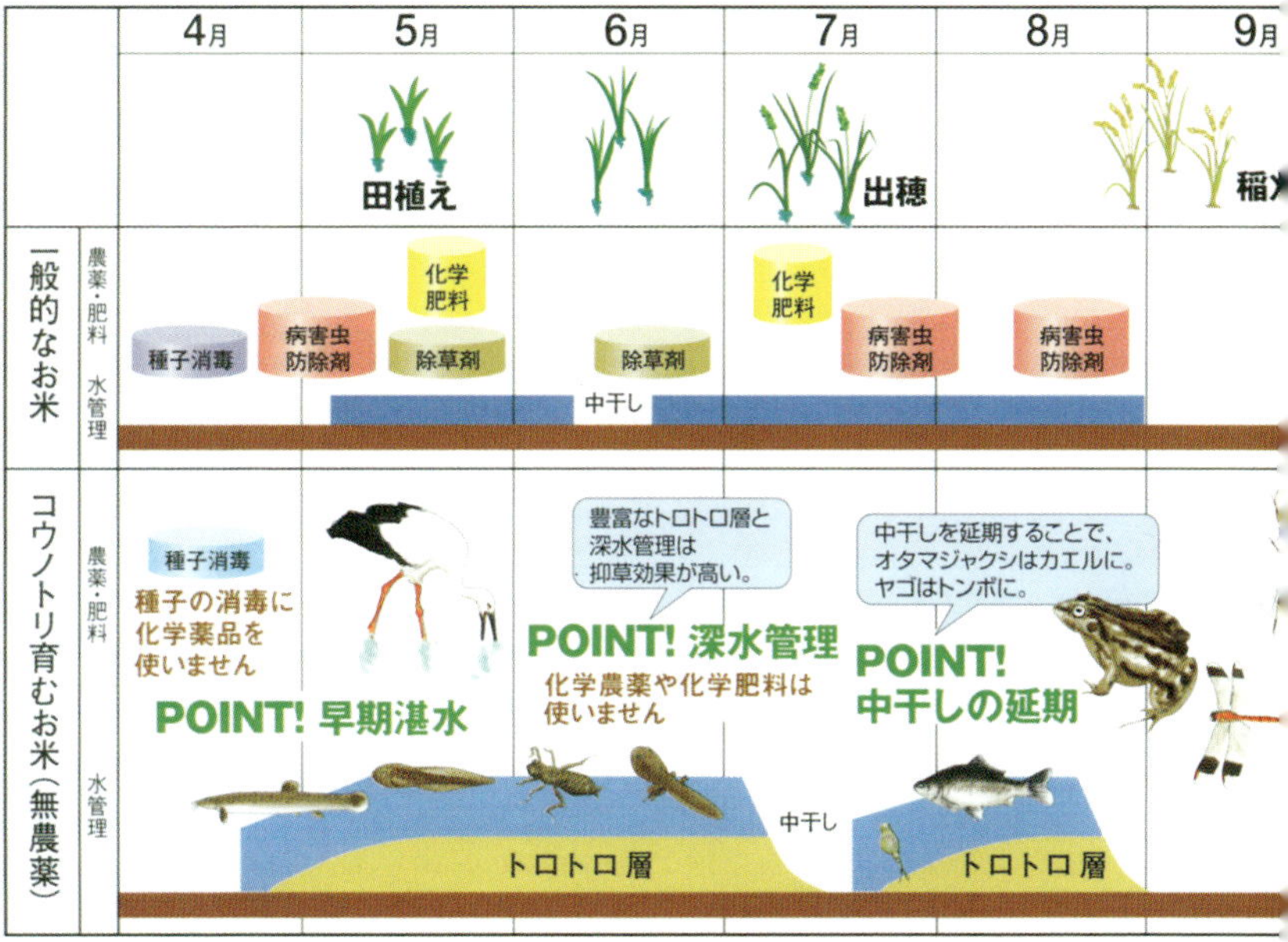

兵庫県豊岡市「特別栽培米兵庫県但馬産

⑨栄養価、味わい、香りなど
⑩料理方法、地元での食べ方、他の料理との組み合わせ方など

テキスト作成は地域調査との連携から

テキストを作成するときに、よく尋ねられるのは、「だれが作るのですか」ということです。筆者は、その地域の人が主体になることを勧めています。多くの場合、行政の方から相談されることがありますので、その担当部署にお願いしています。ただし、テキストを作るのには、部署をまたいでの協力が必要です。

まず基本的な食材のデータは、農政課、JAなどでほぼ集まります。栄養価や健康的な食べ方は保健課でできます。歴史や栄養成分なども、インターネットや農業専門書をみれば、だいたいのことが把握できます。大切なのは、地域に沿った内容であることです。

各県には、農業であれば農業技術センター、漁業であれば水産センターがあります。そこには、専門家がいます。そこの担当者に相談すれば、かなり、こまやかなデータを得ることができます。また、地域には大学があります。大学には栄養学科、環境学科、農学部などもあります。その大学の専門家と連携し、調査してもらえれば、より具体的なデータの形になります。

例えば、茨城県常陸太田市「常陸秋そば」のテキストでは、筑波大学が調査を行い、虫媒花《ちゅうばいか》で

◆ さまざまな昆虫が貢献

そばの花はその２割程度しか実を結びません。その実を結ぶための受粉の作業をその周辺に生息している昆虫が担っています。そのため、そば畑の周辺の環境も重要です。

山あいの傾斜地で昼夜の気温差の大きい、霧の立ち込める地形が味のよいソバを育てるとよく言われています。また、山あいであることが、外からの他の品種の遺伝子が入り込むのを防ぎ、そこにいる花粉を運ぶ昆虫が多くいる自然環境が花から実になる確率（結実率）を良くします。花が咲いているときに雨が続いてしまうと昆虫の活動が鈍くなり、受粉ができず収穫量が少なくなってしまいます。そばの周辺の昆虫たちが生息する自然環境がそばの栽培には重要です。

そばの花に集まる昆虫

【ニホンミツバチ】

【アシナガバチ】

【ツチバチ】

【ハナアブ】

【ハエ】

【ハナムグリ】

【クロヤマアリ】

【セセリチョウ】

昆虫の写真提供
独立行政法人
森林総合研究所
※森林総合研究所において、旧金砂郷町常陸秋そばの種子採種ほ場周辺で花粉媒介昆虫の調査が2007年より実施されています。

「常陸秋そば」のテキストでの昆虫の調査

ある蕎麦の昆虫の調査をしました。これによって、ニホンミツバチ、アリ、アブなど、多彩な昆虫が介在をしていることがわかり、生物多様性があることから、環境が良いということが具体化されました(四一頁)。

また、高知県中土佐町の「大野見エコロジーファーマーズ」では、高知県立大学健康栄養学部と連携し、米の比較調査をし、地域の米の粒立ち、香り、うまみ、粘りなどの特徴を明確にしました。同時に学生が、毎月、田んぼに行き、周辺の水辺の生き物調査を行い、使われる水質と、環境を明らかにしました。これによって環境が良いことが証明され、大きな付加価値を生み出し、売り上げにも大きく貢献しました。

この環境調査をするときに用いるのが、各県が出しているレッドデータブックです。どの県も、生き物の生息環境を明らかにしています。それと照らしあわせると、地域の環境がわかります。山で、ふだん見かけるような鳥、昆虫などや、川や海にいる魚などもレッドデータブックを見ると、絶滅の危機に瀕《ひん》しているということがあります。それをつまびらかにすれば、環境が良いという言葉も具体性を帯びます。

次に大切なことは、現場に行って検証をすることです。地元では、だれがいつから栽培して、どんな農法で、栽培歴はどうなっているのか。いつ種をまき、どうやって収穫して、どこを通して販売され、消費者に届くのか。農薬や化学肥料は、どんな時期にどんな目的で、なにが使われているのか、あるいは使われていないのか。出荷のときの荷造りは、どの単位でされて、どんな形態で、どれくらいの量が、いつの時期に出せるのか、などです。

これらを、パソコンに入力していき、そのあと、明らかになったことを追加修正します。基礎データができれば、プリントして、関係者に配布をします。テキストの基礎ができれば、担当者の部署が変わっても、新人でも、だれでもが明確に答えることができます。学校給食でも食育でも使えますし、売り込みにも使えます。

「大野見エコロジーファーマーズ」のテキストより．高知県立大学健康栄養学部の学生による米の食味試験

テキストができれば、これに、これまで地域で食べられてきたレシピを追加します。そうすれば、郷土の料理と素材の成り立ちがわかります。

ただし、作成したテキストを、一般向け、宣伝などに使うときに、すべてをプリントする必要はありません。そのなかから適宜、必要なものを選択して出せばいいでしょう。

能代が誇るブランドねぎ「白神ねぎ」

白神の恵み「白神ねぎ」

平成24年12月にJAあきた白神が「白神ねぎ」を商標登録しました。

JAあきた白神ねぎ部会員により定期的に開催されている栽培講習会や、収穫前の目揃い会の実施等により、見た目にも美しい高品質なネギを市場に提供しています。

高品質の向上と確保

ねぎ部会では、役員が週一回会員に抜き打ち検査を実施し、品質にバラツキが生じないよう、「量よりも品質」にこだわって取り組んでいます。その成果により、東京市場等で「白神ねぎ」は 高い評価を得ており、平成 27 年度に販売額10億円を達成しました。

白神ねぎの品種

能代市農業技術センターの品種試験結果から、この地域の気候や土壌に最も適した品種を選定して作付けをしています。

○夏ねぎ作型に適する品種

夏扇パワー、夏扇4号、白砂、ホワイトスター

○秋冬ねぎ作型に適する品種

夏扇パワー、夏扇4号、夏扇2号、緑の剣、関羽一本太

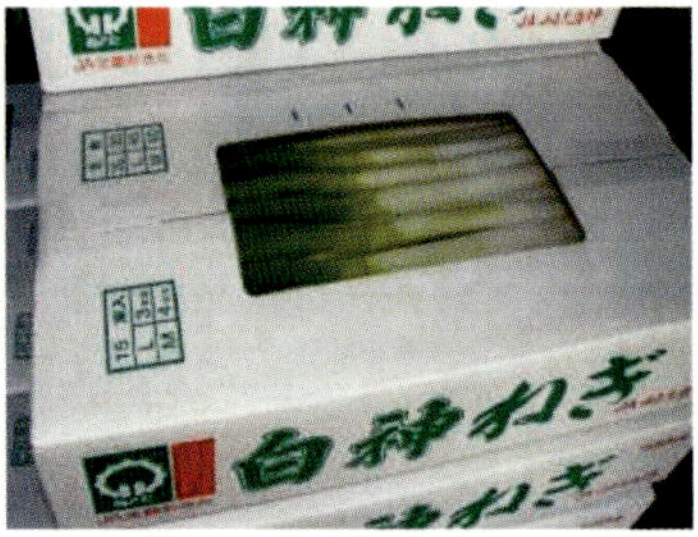

白神ねぎ販売実績・作付面積の推移

年度	23	24	25	26	27
販売量(トン)	3,110	2,955	3,141	2,991	3,508
販売額(千円)	763,039	800,494	920,391	814,061	1,107,082
面積(ha)	125	125	125	120	126

抜群な料理との相性

地元秋田の名物きりたんぽ鍋には欠かせない白神ねぎには、ボリュームたっぷりの太さと軟らかさ、煮込むと広がる深い甘みと、口の中でとろけるような食感があり、鍋料理はもちろんのこと和洋中の多様な料理と相性が抜群で、料理の美味しさを最大限に引き立てます。

1年間通して出荷しています

作型	出荷時期
春ねぎ	4～6月
さつき(分けつ)ねぎ	5～6月
夏ねぎ	7～9月
秋冬ねぎ	10～12月
雪中ねぎ	1～3月

秋田県能代市「白神ねぎ」のテキストより

3　地域振興のためのプロモーションの仕組み

食のワークショップを開催するメリット

テキストを作成した後は、食のワークショップを開催します。この方法には、さまざまな形がありますが、これまで多く行ってきたのが、参加型のものです。

生産者、商店街の関係者、学校給食の栄養士、食改善グループ、直売所・道の駅の担当者など、食の現場にかかわり、商品開発に携わる人たちが参加して、料理家が、地域で売りたい特産物を中心に、地域にある果実、農畜産物、野菜などを組み合わせ、二〇〜三〇品目の料理を作ります。参加者で試食し、味を理解したうえで、レシピ化するものです。

テキストを作成して、レシピを提案しても、それを使う人たちが、実際に、地域の食材がどんな料理になり、香り、味わい、うまみ、見た目、触感、食べたときの音などを五感で感じなければ、その美味しさを伝えることができません。

これとテキストを組み合わせれば、地域の食材の利用の幅が広がるし、食べ方を提案することで訴求力が高まります。食べ方がわかれば、購入をする人に、さまざまな料理の仕方を紹介でき

① シイラは表面の水気を拭いてバットなどに並べ、混ぜ合わせたA)を絡める。キュウリは縦半分から斜め薄切りにして塩適宜でもみ、水気を絞る。

② フライパンにサラダ油を熱して①のシイラを並べ入れ、両面にこんがりとした焼き色が付くまで焼く。

③ バットに残った漬け汁を加えて絡め、全体に火が通ったら器に盛り、フライパンに残ったタレを回し掛けて、①のキュウリを添える。

材料:4人前

シイラ	4切れ	A)	めんつゆの素(3倍濃縮タイプ)	大さじ4
サラダ油	大さじ1		おろししょうが	小さじ1
(あれば)キュウリ	1本		おろしにんにく	小さじ1
塩	適宜			

シイラのチーズ蒸し

スライスチーズはとろけないタイプのものを使うと、冷めても美味しく召し上がれます。

① 玉ねぎは縦半分から縦薄切り、シメジは根元を切り落として小房に分ける。

② シイラは両面に塩、コショウをしっかりめに振って下味を付け、耐熱性の皿に並べて周りに①を散らし乗せ、スライスチーズを乗せる。

材料:4人前

シイラ(切り身)	4切れ	白ワイン	大さじ2
玉ねぎ	中1個	スライスチーズ	4枚
シメジ	1パック	塩、コショウ	各適宜

テキストより．シイラのレシピ

シイラのレシピ　ハワイで「マヒマヒ」と呼ばれるシイラは、現地でとてもポピュラーな魚です。ステーキやフライ、ムニエル、そして刺身でも提供されているようです。シイラは全世界の温帯水域で漁獲される魚ですが、その漁獲高は増加の傾向を示しており、2010年は世界でおよそ 100,000 トンの漁獲量がありました。*9 世界中で食される素材ですからそのレシピも多彩です。

まず、『今月のおうちごはん http://recipe.mitene.or.jp/』サイトからシイラを使ったレシピを3件紹介します。

シイラとトマトのパン粉焼き

美味しく作るポイントとして、パン粉に混ぜるハーブはお好みでローズマリーやタイムなどをいれるとよいでしょう。またシイラの切り身に皮がついていれば取り除いてください。

作り方

① シイラは1切れを6枚程度の薄切りにして白ワインを振り、塩、コショウで少し強めに下味をつけて5分程度置く。

② トマトはヘタを取り除いて、縦半分から縦薄切りにする。
③ パン粉をボウルに入れ、乾燥バジルとにんにくのみじん切りをよく混ぜ合わせ、オリーブオイルを加えて混ぜる。

④ 耐熱性の皿にシイラ、トマト、シイラ、トマトの順に少しずつズラしながら並べ入れ、③をまんべんなく振りかけて、オーブントースターで10分程度、途中焦げるようならアルミホイルでおおって全体に火が通るまで焼く。

材料:4人前

シイラ(切り身)	4切れ	パン粉	1カップ
トマト	中2個	乾燥バジル	大さじ1
白ワイン	大さじ2	にんにくのみじん切り	大さじ1
塩、コショウ	各適宜	オリーブオイル	大さじ4

シイラの照り焼き

作るポイントとして、漬け汁に30分～1時間程度漬けることができれば更に美味しくなります。その状態で冷凍保存が可能です。また、さっぱりと召し上がりたい場合は、グリルやオーブントースターで焼いても良いでしょう。

作り方

*9 FAO Global Capture Production 1950-2011,common dolphinfish. http://www.fao.org/ 閲覧日.平成 25 年 8 月 30 日

グラッパのデザート

～スウィーツ／ブドウ～　　　　（約５人分）

■材料

ホワイトチョコレート	２００ｇ
グラッパ	３０ｇ
生クリーム	１００ｇ

■作り方

① ホワイトチョコレートを２ｃｍ角くらいに切って湯煎にかけ溶かす

② 湯煎にかけたままグラッパを入れ、とろっとするまで泡立てた生クリームを加える

※このまま凍らせるとセミフレッドにもなります。

中に入れる具（各少量）

Ａ　オーブンでセミドライにしたブドウ（丸と半割）・・・１００度のオーブンで２時間

Ｂ　ラズベリーまたはストロベリー、ブルーベリー

Ｃ　バナナ

Ｄ　キウイ

Ｅ　ミントの葉

山口県長門市「ながとのおいしさレシピ集」より

るので、売りやすくなります。

料理ができたら写真を撮ります。これもプロの写真家にお願いするのがよいでしょう。写真がきれいだと、冊子を作るときにもきれいなものができます。ホームページに掲載する場合にも見栄えのするものができます。

また、さまざまな料理を作ることができるので、商品開発をするさいに、ワークショップで好評だったものを試しに販売してみて、評価が高ければ、そこから売り出していくことができます。

食のワークショップは春、夏、秋など時期の違うときに、何度か開催するとよいでしょう。季節によって食材が変わるので、さらに多彩なレシピを地域で生み出すことができます。

地域の人がお互いにノウハウを連携すれば、四季折々に、さまざまな食を提供することができるでしょう。そうすれば、レストランで提供する、加工品として販売するなど、多くの場面で、応用ができます。特別な加工をしなくとも、レシピを提案することで、販売につなぐ方法もあります。ひいては観光にもつながります。

食のワークショップの方法

まず、テキストになった食材をメインにして、そのほかに、その時期に地域になにがあるかを調査します。野菜、果物、肉類、魚介類、味噌、醤油、酒など。また、大量には栽培されてはいないが、庭先や、畑の隅《すみ》で作られているものをあわせると、さまざまなものがあります。それらをもとに、料理を指導する料理家にレシピを考えてもらうのです。

では、料理家をだれにお願いするのか。地元でもよく探せば、若い人たちも、優れた人も、たくさんいるはずです。できれば、実際に店に食べに行き、この人なら、という方にお願いをするのがいいでしょう。そして、料理家には、レシピを二〇本ほど考えてもらいます。

地元にはたいてい行政の建物のなかに調理室があり、ほとんど無料で借りることができます。あるいは、JAで調理室を持っているところもありますし、食品関係の企業では、社内に調理室があるところもあります。

一つの調理台に五、六名が入り、チームを作ります。そして、一チームに、三～四品目のレシピを渡して、料理家の指導で調理します。一日目が仕込み、二日目に朝から料理を作り、昼に試食会となります。

また、調理をする前に、必ず行っているのが、基本の調味料のテイスティングです。

地元で材料を揃《そろ》えてくださいとお願いすると、酢、醬油、料理酒、みりんなどをスーパーで購入してくるということが多くあります。ところがよく見ると、大量に安く売られているものは、中身がかなり違うものがあります。どういうことかというと、酢も、材料がいろいろです。安価な酢は材料が海外のもので、味わいが強いものがあります。醬油も、サッカリンやアミノ酸、ブドウ糖などを添加したものがあります。みりん風調味料と書かれたものは、本当のみりんとは異なる成分です。当然、いろいろ比較をすると味がかなり違います。酢、醤油、みりんなど、原料がはっきりした、本醸造のものを使ってもらうようにしています。それこそ、原産地表示が明確なものです。合成で作られた調味料では、どんないい食材を使っても料理は台無しです。きちんとした基本の調味料を使うことは、地域の食材を活かし、引き立ててくれます。それは、地域の食の応援になり、料理の味わいも豊かになります。

ワークショップで料理家の指導で調理

このようにして料理を作り、試食をします。そのときに、メインとなる食材は、パワーポイントなどを使って、背景を紹介します。当日は、レシピとテキストを配布します。そうすれば、食材の環境から文化、味わいまでもわかるというわけです。

この試食会には、市長、町長、村長を始め、議員、商工会の関係者たちも呼ぶとよいでしょう。自治体や地域全体で理解してもらえる機会となります。

試食会を行う場所は、特定のレストランで行う場合や、ふつうの民家を開放してもらうという方法もあります。レストランの場合は、そこのシェフに協力してもらい、地元の食材でメニューを組み立ててもらいます。そのときにも、テキストを用意してもらい、食材の背景から紹介します。

地元のレストランには、和食、フレンチ、イタリアン、中華などがあるでしょう。それだけでも多彩な料理が生まれます。

あるいは、地域の風景に溶け込んだような古民家をまるまる使ってのワークショップもあります。そうすれば、風景・環境まるごとを味わうことができます。農村や漁村にある建物を使って、料理を提供するワークショップは、これまで長崎県平戸市、佐賀県唐津市、新潟県佐渡島、岐阜県高山市、大分県竹田市、鹿児島県徳之島をはじめ、各地で行ってきました。地域の食と風景が連携すれば、観光につなぐことができます。

このように、開催する会場によっては、さまざまな組み合わせができて、地域の豊かさを改めて知ることにもつながります。

味覚のワークショップで豊かな表現を創る

食のワークショップで、大切にしていることがあります。「味覚のワークショップ」です。これは、フランスで始まったもので、子どもたちの教育にも使われていますし、イタリアのスローフードのプロモーション事業でも取り入れられています。

食材の背景を知ると同時に、その食材を「見た目」「香り」「味わい」「触感」「音」などを、それぞれ観察して、ワークシートに書き込み、言語化して、語彙《ごい》を増やし、表現を養い、主張と個性を育むというものです。

①見た目	• 生の本葉は新緑を感じる瑞々しさがあり，軟白部の透き通るような白さには雪国の景色が見える．緑と白のコントラストに爽やかさを感じる．
②手触り	• 生の本葉はパリッと，軟白部はピチピチしながらやさしい柔らかさがある． • 油で揚げた本葉は，「パサパサ」「パリパリ」でふりかけのようである．
③香り	• 煮た軟白部は，ネギ特有の香りがなく甘そうな香りがする． • 本葉を油で揚げると，甘く香ばしくなり，食欲が出てくる．
④味わい	• 外は「ツルン」，中は「ニュルニュル」の二重の食感が楽しめる． • 揚げた本葉は「シナッ」とした食感で「ギュッ」とうま味が濃厚で，おつまみ・ふりかけにしたい．
⑤音	• 生の軟白部は「パリパリ」してから「シャキシャキ」音楽を奏でているような軽快さがある． • 油で揚げた本葉は「シャクシャク」と噛みごたえのある音がする．

秋田県能代市「能代産ねぎのテイスティング感想」より抜粋

例えば、私たちは、食べものを見た瞬間で、美味しそうと感じたりします。香りだけでも、食欲をそそられたりもします。つまり、目、鼻、味わい、音、手触りなどを、言葉に変えて表現していくのです。

見た目の色といってもさまざまです。ミカンが黄色といっても、黄色にはいろいろあります。菜種の色、くちなしの色、麦わら色、うす黄蘗《きはだ》色などさまざまです。そこに思い出が加わると、秋のミカン狩りを思う人もいれば、スーパーの消臭剤を想像する、あるいは、恋人との恋に甘酸っぱさを感じる人もいるでしょう。

音や触感は、どうでしょう。ぱりぱり、ぽきぽき、ぬるぬる、つるつる、かりかり、ぷつぷつ、さらり、などなど、さまざまあります。

これらを表現して書き込んでいくと、たんに「うまい」「おいしい」だけでなく、さまざまな表現言語によって、食材の豊かさが伝えられるようになります。同時に、表現する側にも、多面的な見方と語彙の豊かさを身につけることができます。

このときに事典を活用することをおすすめします。色の事典、音の事典などもありますし、地域の魚や野菜をまとめた専門書が必ずあります。図書館で調べるといいでしょう。

これらのことは、食育において、子どもたちの表現と個性を育むことにつながります。またプロモーションにおいて、食の魅力を伝える上でも、大きな力となります。

食のプロモーションで訴求力を高める

食を売り出すとき、テキストをベースにプロモーションを行います。いくつかの形がありますが、ひとつは、さまざまな料理を地元で作り、そこの試食会に関係者だけではなく、首長、議員、商工会などのメンバーに加えて、メディア関係者を呼ぶものです。

地元もよく調べてみましょう。ＮＨＫの支局、大手新聞社の支局、地元の新聞社、ケーブルテレビ、地元ＦＭ、地元のコミュニティ雑誌、地元発ＷＥＢサイトなど、多くのメディアがあります。

役所には、たいていメディアのリストがあります。おおかたは、そのリストを使って招待状を送付しますが、改めてリストをチェックし、その担当者がだれかを調べ、できれば、すべてのメディアに顔を出して、趣旨を説明しておくべきです。そこでテキストがあれば、こちらで意図していることが明確になりますし、訴求効果が高いものになります。地域のメディアには地元のことであれば、応援してもらえます。

また、地元以外でもメディアに伝手《つて》があれば、呼びかけると一層効果的でしょう。

ギリシャでのプロモーション．シェフの後ろに地中海が広がる

シチュエーションで魅せるプロモーション

筆者が感動したものに、ギリシャで行われたプロモーションがあります。これはアジア圏のメディアに対して実施されたものでした。地中海が見えるレストランの中庭で、何人かのシェフたちが料理を披露します。また、室内では、食材の背景から紹介す

る参加型の講座が開かれました。別室では、取引関係者のショールームが設けられています。さらに、関係者を呼んでのフルコースも実施されました。

これは、前段に日本国内でのプロモーションが実施されていて、二つの料理学校とガス会社のキッチン付きショールームを使い、一般消費者向け、料理家向け、マスコミ向けと、対象を絞り込み、それぞれにレシピを作成して、料理を披露し、そこから実際に食べてもらうというものでした。そして、関心があったメディアは、ギリシャに招待されました。

このあとの日本のメディアに出たギリシャの特集は、ゆうに三〇以上はあったでしょう。それもフルカラーでの特集ばかりで、広告換算にすれば、おそらく億単位になったのではないでしょうか。

このように、地元の景観、歴史的建造物、地域を豊かに見せるシチュエーションを用意するのも大切です。これには実際に現場を見ておくことが必要です。厨房の設備、冷蔵庫はあるか、料理を出せる場などがあるか、調理器具は揃っているか、食器は人数分あるかなどを確認します。情景を見せることで、プロモーション効果が大きなものになります。これまでも、さまざまな場面で試みてきました。

例えば「宿儺かぼちゃ」の場合では、会場として築一五〇年の農家を開放して行いました。古民家なので畳敷きも広く、囲炉裏《いろり》から台所まで広いスペースがありました。銘々膳も揃っており、それにお品書きを添えて、料理を出しました。

民家、茶室、景観の良いレストランなど、地元を探せば、さまざまな素敵なシチュエーションがあります。それらを使いプロモーションをすると、情景と食材の背景と地域の文化とが一体化して、テキストの意味合いが、より深まります。そこから、地域が連携していくことができれば、観光において、いろいろな場面を楽しめるものにしていけるでしょう。地域が連携して横につながり、小さな地域の経済を創ることを、筆者は「水平のマーケティング」と呼んでいます。

プロモーション先を明確に

さて、もっともよく行われ、どの自治体も関心が高いのが、東京に売り込むというものです。これも、テキストを用意しておけば、効果的なことは言うまでもありません。

都内でプロモーションを行うときは、対象を絞り込む必要があるでしょう。デパートやスーパー、市場のバイヤー向け、マスメディア向け、一般消費者向けなどです。それにも、きちんとした計画性が必要です。

一般消費者向けは、普通の人々に、その食材の良さがわかりやすく伝わり、好感を持ってもらえるのかどうかをリサーチするためです。

バイヤー向けは、取引をしてもらえるかどうかです。この時のテキストには、必ず、出荷できる時期、量、配送方法、連絡先、担当者などを明記しておく必要があります。そうしないと取引につながらないからです。

メディア向けは、どのメディアに出すのかをリサーチしたうえで、絞り込む必要があります。観光専門誌、料理専門誌のほかに、一般紙でも好んで地方のことを取り上げているところもあります。新聞では、社内にさまざまな部署があり、社会部、生活部、文化部など、どの部署が対応してくれるのか、調べておくことも大切です。

場所は、レストランを借り切り、そこから料理家が素材の持ち味を解説し、料理を味わってもらい、テキストを配布します。写真を使い、パワーポイントを使うのも有効でしょう。

あるいは、キッチン付きスタジオを借り切り、そこで料理を披露する方法もあります。料理家は、地元の人の場合もあるし、東京の料理家、フリーの料理家の場合もあるでしょう。いずれにしても、こちらの趣旨を十分に理解してもらえる人を選ぶ必要があります。

地域で連携し、ノウハウを形成する

これらのプロモーションは、安易に広告代理店などに委託しないことが大切です。できるだけ、地元のメンバーが中心になって準備を進めることです。できれば、地元のＮＰＯ、一般社団法人、メディア関係者などで、力があると思われるところと協業で行い、人を育てていく方向で進める

ほうがいいでしょう。ノウハウが地元に形成されます。

　最も成功している例は、イタリアのＮＰＯ「スローフード協会」です。日本ではＮＰＯという と、ボランティアの集まりのように思われますが、同協会は一五〇名近くの専従者を雇用し、イタリアの伝統的な小さな農業や加工品のプロモーションを行っています。１章でも述べましたが、ピエモンテ州ブラ市のプロモーション事業は、スローフード協会に委託しています。そうすれば、地元にお金が落ちるし、ノウハウも残ります。ＮＰＯといえども、世界的なプロモーション事業団体になっています。

　よく都内での宣伝で、商品配布を行っているケースがあります。ただで配布して人が集まり、人を集めるにはいいかもしれませんが、本当に伝えたい人、売りたい人に届くかというと、そうとは限りません。また、物だけ持って行っても、商品の特徴、材料まで明確に語れることが大切です。東京駅に行ってみるといいでしょう。構内では全国のあらゆるお土産や食品、料理が売られています。とても太刀《たち》打ちができないと思えるほど品揃えが豊かです。それだけに、自分たちの商品（料理）が何かという明確なポジションを作るためにも、テキストが必要なのです。

　さて、プロモーションをすると、さまざまなメディアに登場します。それらをファイルして、まとめます。どんなところで紹介されたのかが一目瞭然になります。さらに大切なのは、広告料に換算していくらになるか計算をすることです。

新聞でも、雑誌でも広告の料金表が必ずあります。それを照らしあわせると、価格がわかります。それらを計算して、費用対効果を出します。こうすることで、プロモーションの効果がわかりやすくなります。

地域で人材育成

テキスト作成から、プロモーションを行い、商品を生み出し、地域の景観や街並み建造物を活かして、人も呼ぶ。理想的には、そこまでの将来像を描きながら、五年後の計画を見据えて進めることが大切でしょう。そして、行政は、ソフトの部分に、つまり地元の人づくりにこそ、予算を組むべきだと思います。そのための人材育成講座をしてもいいでしょう。実際に地域のデザインやＷＥＢなどの活用人材育成に力を入れたところに、沖縄県宮古島があります。人材が生まれたことで、行政発注のポスター、パンフレットなどが地元発となっています。

高知県は、早くから人材教育に投資しています。またデザインやパンフレットも地域人材に投資をしてきたことから、すぐれたプロモーションにもつながっています。

和歌山県田辺市では、若手の人材育成塾を大学と連携で開催しており、そこから起業をする若者が増えています。塾生からはデザイナー、ＷＥＢデザイナーも生まれていて、地域からの発信ができるようになっています。

また田辺市の「田辺市熊野ツーリズムビューロー」は、地元の人たちが立ち上げたインバウンド（訪日外国人観光客）向けの観光会社で、市が委託事業をしています。この取り組みは、NPO「スローフード協会」にいちばん近い活動でしょう。

つまり、地域の人材を育て、地域発のソフトの発信に熱心なところは、雇用とノウハウ形成ができるということです。これはテキスト作りも同様です。テキストを作るということは、地域のアイデンティティを創造することでもあるのです。

和歌山県田辺市「田辺市熊野ツーリズムビューロー」のみなさん

地域と連携して観光に食をつなぐ

食のテキスト化とワークショップを行い、多彩なレシピを共有化できたら、次のステップは、地域の観光と経済につなぐことです。

直売所あるいは道の駅のレストランで、ビュッフェ方式や食堂形式で、その日に入荷した食材を使っていけば、さまざまな料理展開が生まれます。四季折々の料理の組み合わせができるようにすれば、観光客にその地域ならではの料理が提供できます。

食材と料理の関連性が生まれれば、直売所で野菜や果物、それらを使った加工品などの販売にもつながることでしょう。カフェでは、果物を使ったタルト、ジェラート、アイスクリーム、シフォンケーキなど、新鮮な果実で、最上の加工品が提供できるようになるでしょう。また販売しているじゃがいも、かぼちゃ、きのこなどに、レシピをそえることで、観光客に食べ方を提案して、購入をうながすことができます。

あるいは、体験教室を設けて、その時期の食材を使い、料理教室を開き、親子で楽しむ、食育につなぐ料理講習をすることもできます。地域の豊かな料理を紹介することで、人の集まる楽しい直売所や道の駅が生まれます。四季折々にイベントという形で行ってもいいでしょう。

また、地域の飲食店が、それぞれ、得意な料理を作り、それを提供すれば観光につなぐことができます。ワークショップで学んだ料理をブラシュアップしてもらい、店舗をマップ化して、街を、あるいは農村を周遊してもらい、観光地として誘致するものです。四季ごとに食も変わりますから、季節ごとの情景を取り入れていけば、そこならではの観光の目玉にすることができます。料理も特定のものを決めるのではなく、お店が得意とするものを出してもらえば、来る人の選択肢も増え、楽しみが多くなります。リピーターの増加にもつながるでしょう。

そして観光誘致につなぐには、ぜひ街並みの景観を作っていただきたいものです。色合いを古い建造物に合わせる、商店街では車を入れない、あるいは制限をするなどして、歩いて楽しめるようにします。農村では四季の花、景色、木々などを活かし、風景も四季も楽しんでもらう。自動販売機を置かない、派手な幟《のぼり》を立てないなど、そこの地域らしい落ち着いた景観を作ることで、都会では味わえない憩《いこ》いの場を提供し、そこならではの四季の料理を農家民泊、農村レストランで味わってもらうというものです。ぜひ、食から四季、風景と複合化をすることで都市にはない安らぎを観光としてつなぎ、持続的な活動にしていってほしいものです。

●参考文献

金丸弘美『メダカが田んぼに帰った日』学習研究社、二〇〇二年。

ピュイゼ・ジャック／三国清三監修／鳥取絹子訳『子どもの味覚を育てる――ピュイゼ・メソッドのすべて』紀伊國屋書店、二〇〇四年。

金丸弘美・石田雅芳『スローフード・マニフェスト』木楽舎、二〇〇四年。

金丸弘美『創造的な食育ワークショップ』岩波書店、二〇〇七年。

金丸弘美『田舎力　ヒト・夢・カネが集まる5つの法則』ＮＨＫ生活人新書、二〇〇九年。

プラート味覚教育センター・中野美希『味覚の学校』木楽舎、二〇一二年。

金丸弘美『実践！　田舎力　小さくても経済が回る5つの方法』ＮＨＫ出版新書、二〇一三年。

金丸弘美

1952年佐賀県唐津市生まれ．食総合プロデユーサー，食環境ジャーナリスト．総務省地域力創造アドバイザー，内閣官房地域活性化応援隊地域活性化伝道師，小笠原諸島振興開発審議会委員(国土交通省)，学校給食等地場食材利用拡大委員会委員(農林水産省)，新潟経営大学特命教授，明治大学農学部食料環境政策学科兼任講師，フェリス女学院大学国際交流学部非常勤講師，茨城県常陸太田市大使，高知県観光特使，山形県総合政策審議会委員，香川県さぬきうまいもんプロジェクト実行委員会委員，特定非営利活動法人発酵文化推進機構特任研究員，日本ペンクラブ会員，ライターズネットワーク相談役など．「食からの地域再生」「食育と味覚ワークショップ」「地域デザイン」をテーマに全国の地域活動のコーディネート，アドバイス事業，執筆活動などを行う．また各行政機関と連携した食からの地域創り，特産品のプロモーション，食育事業のアドバイザーとして活動．著書に『ゆらしぃ島のスローライフ』(学研)，『田舎力 ヒト・夢・カネが集まる5つの法則』(NHK出版生活人新書)，『実践！田舎力 小さくても経済が回る5つの法則』(NHK出版新書)，『幸福な田舎のつくり方 地域の誇りが人をつなぎ，小さな経済を動かす』(学芸出版)，『里山産業論「食の戦略」が六次産業を超える』(角川新書)，『田舎の力が未来をつくる！ ヒト・カネ・コトが持続するローカルからの変革』(合同出版)など多数．

地域の食をブランドにする！
—食のテキストを作ろう

岩波ブックレット 988

2018年10月5日 第1刷発行

著　者　金丸弘美《かなまるひろみ》

発行者　岡本 厚

発行所　株式会社 岩波書店
〒101-8002 東京都千代田区一ツ橋2-5-5
電話案内 03-5210-4000　営業部 03-5210-4111
http://www.iwanami.co.jp/hensyu/booklet/

印刷・製本 法令印刷　装丁 副田高行　表紙イラスト 藤原ヒロコ

ISBN 978-4-00-270988-8　　Printed in Japan